QUESTIONNAIRE GÉNÉRAL

DU

PREMIER COURS.

APT : TYPOGRAPHIE DE J.-S. JEAN.

QUESTIONNAIRE MUSICAL

D'APRÈS LA MÉTHODE

B. WILHEM.

A L'USAGE

DES COLLÉGES,

DES INSTITUTIONS, DES ÉCOLES ET DES COURS DE CHANT

ADOPTÉE

dans les Cours de Musique d'Apt

PAR

M. HYPOLITE DESSANE,

PROFESSEUR DE MUSIQUE.

APT:

J.-B. JEAN, IMPRIMEUR-LIBRAIRE-ÉDITEUR.

1840

A Monsieur

Le comte Chabrol de Volvic,

CONSEILLER D'ETAT, PRÉFET DU DÉPARTEMENT DE LA SEINE, PRÉSIDENT HONORAIRE DE LA SOCIÉTÉ POUR L'ENSEIGNEMENT ÉLÉMENTAIRE, MEMBRE DE L'ACADÉMIE ROYALE DES BEAUX-ARTS, ETC.

Monsieur le Comte,

Publier sous vos auspices la méthode de chant adoptée par la Société pour l'instruction élémentaire, et déjà si puissamment encouragée par vous, c'est rendre à la protection la plus éclairée l'hommage d'une légitime reconnaissance.

Puissent de nouveaux succès justifier la bienveillante approbation accordée aux premiers résultats de cet ouvrage. Puissent-ils contribuer à étendre sur toutes les classes de la société l'influence morale d'un art qui vous devra une grande partie de sa véritable naturalisation en France.

J'ai l'honneur d'être avec un profond respect,

Monsieur le Comte,

Votre très-humble et très-obéissant serviteur,

BOCQUILLON-WILHEM.

AVANT-PROPOS.

On a pensé qu'il pourrait être utile à la propagation de l'enseignement populaire du chant en France de faire connaître les motifs de moralité et d'ordre qui ont déterminé le vote unanime du conseil municipal de la ville de Paris, et l'approbation expresse de l'Université, lorsqu'il s'est agi, en mars 1835, d'introduire dans toutes les écoles communales l'enseignement du chant, qui existait dans plusieurs écoles élémentaires depuis 1819.

Nous allons donc publier, en tête de cette quatrième Edition de la méthode B. Wilhem, le Rapport fait au conseil municipal par sa commission musicale, composée de MM. H. Boulay de la Meurthe, Bouvatier, Cochin, Orfila et Perrier.

Comme complément de ce rapport, qui vise authentiquement toutes les pièces antérieures sur la méthode, nous mentionnerons les progrès remarquables de l'enseignement du chant dans les écoles primaires pour les enfants, dans les cours du soir pour les adultes hommes, dans les écoles normales primaires, dans les grands établissements d'instruction publique, et enfin dans les écoles régimentaires.

Il sera parlé ensuite de l'heureuse consécration des réunions générales de chant de l'Orphéon, formées des meilleurs élèves du chant des écoles et des cours d'adultes hommes, modestes congrès de la grande famille musicale des enfants de Paris, touchants concerts de seule musique vocale que sont venus encourager et applaudir à l'Hôtel de-Ville l'Université, l'Institut, le Conservatoire, la Presse musicale, et le monde artistique.

Viendront après, comme dans les précédentes éditions, un programme général des études musicales, l'exposé sommaire de la méthode B. Wilhem pour le premier degré de ces études, et enfin le guide complet, qui est destiné aux Professeurs pour les diriger dans l'emploi simultané des Tableaux de chant et dans la pratique des divers procédés de la méthode.

EXPOSÉ SOMMAIRE

DE LA MÉTHODE

B. WILHEM.

La simultanéité du travail des élèves de forces différentes, en un même temps et dans un même lieu ; la séparation des premières difficultés de théorie, de rythme et d'intonation musicale, réparties entre huit classes ou degrés d'avancement ; et, dès le commencement des études, l'exécution correcte de solfèges ou de chants en chœur sans accompagnement instrumental, forment le caractère distinctif de la méthode B. Wilhem.

Les procédés de cette méthode sont simples : ils ont été créés ou choisis pour rendre l'instruction musicale attrayante et sûrement transmissible du maître aux élèves, et ensuite des élèves à leurs condisciples, ou même à leurs parents.

Le but des constants efforts de l'auteur a été de contribuer efficacement à populariser la musique en France par l'introduction du chant élémentaire dans les écoles populaires, enfants et adultes ; et par la fondation des grandes réunions de chant instituées à Paris, depuis 1833, sous la dénomination de réunions de l'Orphéon.

La deuxième édition des tableaux de la méthode B. Wilhem, (1832), était un extrait de la première (1819) ; elle a cédé la place en 1835, à un travail beaucoup plus restreint, et qui, par cela même, paraît être devenu d'une utilité encore plus générale, puisque nous en publions en 1838, une quatrième édition, revue avec le plus grand soin.

Dans cette quatrième édition (d'après les indications données dans la troisième), les deux tableaux de théorie du premier cours ont été refondus et divisés en paragraphes avec titres et numéros auxquels il est souvent renvoyé pendant les études de pure pratique. Ces retours fréquents à la théorie rattachent les nouvelles notions aux notions déjà acquises, et l'esprit se retrace ensuite avec facilité tout ce qu'il est important de savoir sur les tons et les modes de la musique.

Du reste, l'ouvrage est demeuré divisé en deux cours gradués qui peuvent marcher seuls ou ensemble; toujours distincts par la limite du premier cours consacré à l'enseignement élémentaire, ils n'en sont pas moins liés par le même système de rédaction analytique, d'après lequel presque tous les tableaux résument des études antérieures et préparent aux études subséquentes.

Le premier cours, enseignement primaire (tableaux 1 à 42), est formé :

1° Des huit classes ou premiers degrés de la lecture rythmique, de la solmisation et du chant élémentaire (le numéro d'ordre de chaque classe exprime l'intervalle musical que l'on

PROGRAMME GÉNÉRAL

DES

ÉTUDES MUSICALES

ÉTABLISSANT TROIS DEGRÉS

D'INSTRUCTION MUSICALE

QUI SE RAPPORTENT

A LA LECTURE, A LA GRAMMAIRE ET A LA RHÉTORIQUE DANS L'ÉTUDE DES LANGUES.

Quelques personnes, peut-être, ont eu des idées encore peu arrêtées sur l'ensemble des études de la musique, et sur les limites des diverses parties dont ces études se composent.

Il y a loin, sans doute, d'un obscur ménétrier de guinguette au compositeur illustre dont l'Europe admire les productions; mais enfin ce qu'ils savent se rattache au même art ou à la même science, et ils touchent les anneaux extrêmes de la grande chaine des connaissances musicales.

Quelles sont donc, en musique, les divisions rationnelles de l'enseignement complet? Nous les croyons indiquées par les trois énonciations générales qui caractérisent trois degrés d'instruction dans l'étude des langues, savoir :

1. Lecture courante et récitation intelligente (c'est aussi la lecture musicale ou l'exécution vocale et instrumentale, à vue des signes écrits; ou de mémoire);

2. Connaissances du rapport grammatical des mots et des règles syntaxiques du langage (c'est la grammaire musicale qui traite de la construction mélodique et harmonique de la phrase musicale, et qui fait connaître les règles de la succession logique des accords);

3. Applications des règles de la grammaire aux formes variées du discours, et lois du goût sur l'emploi de ces règles et de ces formes (C'est la rhétorique musicale qui, outre les applications de la science harmonique aux études du contre-point et aux formes classiques de la fugue, du canon, etc, comprend la composition proprement dite et la poétique musicale);

Si le premier rapprochement que nous venons de présenter est agréé, plus de détails encore feront mieux connaître quelles sont les études musicales qui appartiennent à chacun des trois degrés d'instruction que nous venons d'établir.

y étudie spécialement, comme la seconde dans la II classe, la tierce dans la III, etc;);

2° de la II-VIII, ou seconde division de la VIII classe, dans laquelle on repasse, sous formes rythmiques et mélodiques plus variées, les intervalles préparés, solfiés et chantés dans les huit classes; ce qui amène à la bonne exécution du chant choral et des chœurs populaires publiés pour les jeunes sociétés de chant et pour les réunions de famille.

Le deuxième cours, enseignement primaire supérieur (tableau 43 à 73), contient la troisième VIII, ou troisième division de la VIII classe; c'est un cours complémentaire et de perfectionnement pour chacune des études du premier cours, et il conduit conséquemment à la lecture correcte et rapide de toutes les difficultés de la mesure et de l'intonation.

En examinant maintenant la table synoptique des tableaux, et en jetant un coup-d'œil sur les feuilles mêmes de l'ouvrage, on prendra une idée exacte de la répartition générale des matières, de la gradation des études, de la popularité des moyens, et enfin de la marche rationnelle et du but moral de la méthode.

N. B. Les tableaux de chant sont dressés pour l'instruction des éléves, et chaque feuille contient les indications nécessaires pour qu'on puisse la faire étudier avec fruit.

Essayée à Paris, dès l'année 1839, dans l'école populaire d'un quartier peu musical, la méthode a réussi, introduite depuis avec succès dans d'autres écoles et dans plusieurs établissement supérieurs, on peut espérer qu'elle arrivera partout à sa véritable destination, grâce aux encouragements des autorités municipales et scolaires, grâce aux talents et aux bons esprits des artistes, grâce aussi à la constante influence des protecteurs éclairés de toutes les institutions louables et utiles.

QUESTIONNAIRE GÉNÉRAL

DU

PREMIER COURS.

REMARQUE PREMIÈRE.

Le Questionnaire reproduit par demandes et par réponses, tout le texte instructif des tableaux de la méthode B. Wilhem : ce qui permet aux parents mêmes d'interroger les élèves avec sûreté.

REMARQUE DEUXIÈME.

En général, on a formulé deux questions sur le même sujet : question développée et question brève. A la question développée, l'élève répond brièvement, et à la question brève, il fait une réponse développée.

EXEMPLE :

(Question développée). « Donner à chaque son musical le nom propre qui lui appartient, comme : ut, ré, mi, c'est ?... (Réponse brève). C'est solfier. (Question brève), qu'est-ce que solfier ? (Réponse développée). « C'est donner à chaque son musical le nom propre qui lui appartient, comme ut, ré, mi, fa, sol, la, si, ut ».

Le choix à faire entre ces deux sortes de questions, ou l'emploi successif de l'une ou de l'autre, doit dépendre de l'âge et de l'intelligence connue ou présumée de l'élève interrogé ; il est évident que, pour les jeunes sujets surtout, on doit préférer la question qui amène une réponse brève.

REMARQUE TROISIÈME.

Les chiffres 1, 2, 3, etc., placés en tête de chaque alinéa du Questionnaire, correspondent aux mêmes chiffres des alinéas du texte auquel ils se rapportent dans chaque tableau.

TABLEAU 1.

SONS EN GÉNÉRAL ; SONS MUSICAUX ; MUSIQUE VOCALE OU INSTRUMENTALE.

1 Vous entendez parler, vous entendez chanter, et le bruit frappe votre oreille.

1. D. Comment appelle-t-on tout ce que l'oreille entend ?

R. Un son ou des sons.

D. Qu'est-ce que des sons, en général ?

R. C'est tout ce que l'oreille entend.

2. D. Comment nomme-t on les sons que la voix peut suivre et imiter en chantant ?

R. Des sons musicaux.

D. Qu'est-ce que des sons musicaux ?

R. Ceux que la voix peut suivre et imiter en chantant.

D. Qu'est-ce que produit une succession de sons musicaux ?

R. De la musique.

D. Par quoi la musique est-elle produite ?

R. Par une succession de sons musicaux.

3. D. Comment nomme-t-on la musique composée pour les voix ?

R. Musique vocale.

D. Qu'est-ce que la musique vocale ?

R. Celle qui est composée pour la voix.

D. Comment appelle-t-on la musique composée pour les instruments ?

R. Musique instrumentale.

D. Qu'est-ce que la musique instrumentale ?

R. Celle qui est composée pour les instruments.

4. D. Quels sont les trois sortes d'exercices par lesquels on procède pour étudier la musique vocale ?

R. Ces trois exercices sont : solfier, vocaliser et chanter.

D. Qu'est-ce que solfier ?

R. Solfier, c'est donner à chaque son musical le nom propre qui lui appartient, comme ut, ré, mi, fa, sol, la, si, ut.

D. Qu'est-ce donner à chaque son musical le nom propre qui lui appartient ?

R. C'est solfier.

D. Qu'est-ce que vocaliser ?

R. C'est proférer les sons musicaux sur une voyelle,

D. Qu'est-ce proférer les sons musicaux sur une voyelle ?

R. C'est vocaliser.

D. Q'est-ce que chanter ?

R. C'est prononcer des paroles en émettant des sons musicaux.

D. Qu'est-ce que prononcer des paroles en émettant des sons musicaux ?

R. C'est chanter.

5. D. Comment nomme-t-on la distance d'un son à un autre ?

R. Un intervalle musical.

D. Qu'est-ce qu'un intervalle musical ?

R. La distance d'un son à un autre.

D. Que signifie le mot aigu ?

R. Haut.

D. Que veut dire le mot grave ?

R. Bas.

D. Comment nomme-t-on, en musique, les sons hauts ?

R. Sons aigus.

D. Comment nomme-t-on les sons bas ?

R. Sons graves.

6. D. Qu'est-ce que l'intervalle do-ré ?

R. Un ton.

D. Qu'est-ce que l'intervalle mi-fa ?

R. Un demi-ton.

D. Nommez, d'après l'escalier vocal, d'autres notes distantes d'un ton ou d'un demi-ton. Ré-mi, un ton ; si-do, un demi-ton.

7. D. Comment nomme-t-on la suite des huit sons do, ré, mi, fa, sol, la, si, do ?

R. Une gamme.

D. Qu'est-ce qu'une gamme ?

R. C'est une suite de huit sons, comme do, ré, mi, fa, sol, la, si, do.

D. Combien la gamme comprend-elle de tons et de demi-tons ?

R. Cinq tons et deux demi-tons.

8. D. Comment appelle-t on la gamme qui procède principalement par tons consécutifs, comme do-ré-mi ?

R. Gamme diatonique.

D. Qu'est-ce que la gamme diatonique ?

R. Celle qui procède principalement par tons consécutifs, comme do-ré-mi-fa-sol-la-si-do.

9. D. Comment nommez-vous les signes de la main, ouverte ou fermée, pour rappeler

la place des tons et des demi-tons de la gamme ?

R. Signes manuels. — N. B. 1° Faire nommer les sons de la gamme ascendante et descendante en effectuant les signes manuels; 2° faire solfier avec les mêmes signes.

TABLEAU 2.

Signes des notes et des silences.

D. 1. Comment appelle-t-on les caractères dont on se sert pour écrire la musique ?

R. Des notes.

D. Qu'est-ce que des notes ?

R. Les caractères dont on se sert pour écrire la musique.

D. Comment nomme-t-on les signes employés pour remplacer les notes, quand la voix ou l'instrument doit s'interrompre ou se taire ?

R. Des silences.

D. Qu'est-ce que des silences ?

R. Ce sont les signes employés pour remplacer les notes, quand la voix ou l'instrument doit s'interrompre ou se taire.

2. Nommez les signes de notes. Ronde, blanche, noire, etc. — Nommez les signes de silences. Pause, demi-pause, etc. — Dessinez une ronde. — Dessinez une pause, etc.

TABLEAU 3 A.

GRANDE PORTÉE DE ONZE LIGNES. — PORTÉE ORDINAIRE DE CINQ LIGNES. — DIAPASON DES VOIX.

1 D. Comment nomme-t-on, en musique, un assemblage de cinq lignes horizontales?

R. Une portée.

D. Qu'est-ce que la portée?

R. Un assemblage de cinq lignes horizontales.

D. Comment compte-t-on les lignes de la portée?

R. De bas en haut.

2 D. Comment nomme-t-on l'étendue d'une voix, c'est-à-dire, le nombre de sons diatoniques qu'elle peut parcourir?

R. Le diapason de la voix.

D. Qu'est-ce que le diapason d'une voix?

R C'est l'étendue de cette voix, du grave à l'aigu.

D. de combien de notes diatoniques le diapason de voix ordinaires est-il formé?

R. De douze notes.

3. D. De combien de lignes la grande portée est-elle formée?

R. De onze lignes.

4. D. Comment appelle-t-on le caractère de musique qui est placé au commencement d'une portée, afin de déterminer le nom des notes?

R. Une clef.

D. Qu'est-ce qu'une clef?

R. C'est le caractère de musique qui est placé au commencement d'une portée afin de déterminer le nom des notes.

D. Combien y a t-il de clefs?

R. Trois: la clef de fa, la clef d'ut et la clef de sol.

Rapports des clefs.

5. D. Quel est le rapport de distance des clefs entr'elles?

R. La clef de fa est placée cinq notes diatoniques plus bas que la clef d'ut, et la clef de sol, cinq notes plus haut,

D. Sur quelles lignes de la grande portée sont placées les trois clefs?

R. La clef de fa est placée sur la quatrième ligne, la clef d'ut sur la sixième, et la clef de sol sur la huitième.

6. D. Comment nomme-t-on la note traversée par la ligne de la clef de fa? — R. Fa.

D. Comment nomme-t-on la note traversée par la ligne de la clef d'ut? — R. Ut.

D. Comment nomme-t-on la note traversée par la ligne de la clef du sol? — R. Sol.

TABLEAU 3-B.

Mains musicales par B. Wilhem. — Noms des cinq doigts et des cinq lignes avec clef de sol.

7. D. Quelle est la main qui est employée

dans la méthode pour représenter la portée du premier-dessus, et quelle est celle qui représente la portée de basse?

R. La main droite représente la portée du premier-dessus, et la main gauche celle de la basse.

2. D. Quel est le moyen qui est partout à la disposition des bons élèves pour apprendre le nom des cinq lignes de la portée avec clef de sol?

R. C'est d'apprendre le nom musical des cinq doigts de la main droite.

TABLEAU 4.

Pour apprendre a battre la mesure.

1. D. Qu'appelle-t-on battre la mesure?

R. C'est faire, en solfiant ou en chantant, des mouvemens égaux, de la main ou du pied, pour mesurer exactement la durée des notes et des silences.

2. D. Comment nomme-t-on les mouvements égaux que l'on fait, avec la main ou le pied, pour battre la mesure?

s temps?

aux de la main ou du pied

ure.

me-t-on la mesure mar-

vements?

R. Mesure à quatre temps.

D. Qu'est-ce que la mesure à quatre temps?

R. Celle marquée par quatre mouvements.

PREMIÈRE LECTURE MESURÉE DES TROIS FIGURES DE NOTES : RONDE, BLANCHE ET NOIRE.

4. D. Combien une ronde vaut-elle de temps?

R. Quatre temps. — Battez trois fois de suite une ronde.

5. D. Combien une blanche dure-t-elle de temps.

R. Deux temps. Battez trois fois de suite deux blanches.

6. D. Combien une noire vaut-elle de temps?

R. un temps. — Battez trois fois de suite quatre noires.

7. D. Combien une ronde vaut-elle de blanches et de noires?

R Elle vaut deux blanches ou quatre noires.

8. D. Qu'appelle-t-on une mesure de musique?

R. Les notes comprises entre deux barres de mesure.

D. Comment nomme-t-on les traits perpendiculaires qui séparent les mesures?

R. Des barres de mesure.

9. D. Comment nomme-t-on les deux fortes barres qui terminent un morceau ou qui en marquent les divisions?

R. Barres de séparation.

D. Qu'est-ce que des barres de séparation?
R. Ce sont les deux barres qui terminent un morceau ou qui en marquent les divisions.

MOTS ET SIGNES USUELS POUR INDIQUER LES PRINCIPALES NUANCES DE GOUT ET D'EXPRESSION.

1. D. Que veut dire le mot italien *piano* ou son abréviation P?
R. Doux. On l'emploie pour exécuter à demi-voix.
D. Que signifie pianissimo ou PP?
R. Très-doux. — Forte ou F? R. Fort. — Fortissimo ou FF? — R. Très-fort.
D. Que signifie crescendo?
R. Crescendo signifie qu'il faut augmenter progressivement la force d'un son ou d'une succession de sons.
D. Quel est le signe du crescendo? — Que veut dire decrescendo?
R: Qu'il faut commencer fort et diminuer progressivement.
D. Quel est le signe du decrescendo? — A quoi sert une liaison?
R. A lier deux ou plusieurs notes.
2. D. Qu'est-ce que filer un son?
R. C'est le prolonger en observant une gradation insensible du PP au F, et revenir au PP, par la même gradation.
3. D. Comment nomme-t-on l'émission entière de la voix sur une même note en filant le son?

R. C'est une mise de voix.

D. Qu'est-ce que la mise de voix ?

R. C'est l'émission entière de la voix sur une même note en filant le son.

PREMIÈRE LECTURE RHYTHMIQUE ET PREMIÈRE SOLMISATION MESURÉE.

4. D. Comment nommez-vous l'action de prononcer les noms de notes en mesure et sans intonations musicales ?

R. C'est faire la lecture rhythmique.

D. Qu'est-ce que la lecture rhythmique ?

R. C'est l'action de prononcer les noms de notes en mesure et sans intonations musicales.

D. Comment s'appelle l'action de solfier ?

R. Solmisation.

D. Qu'est-ce que la solmisation ?

R. C'est l'action de solfier.

TABLEAU 5.

PRÉPARATION RHYTHMIQUE POUR LA LECTURE COURANTE DES FIGURES DE NOTES : RONDE, BLANCHE ET NOIRE.

1. D. Chaque mesure d'un morceau de musique doit-elle contenir des valeurs équivalentes ?

R. Elle doit contenir des valeurs équivalentes, soit en notes, soit en silences. — Battez trois fois une ronde. — Battez trois fois deux blanches. — Battez trois fois quatre noires. — Battez trois fois blanche et deux noires. — Battez trois fois deux noires et blanche. — Battez trois fois noire, blanche, noire.

2. D. Par quel signe indique-t-on, sur la musique, qu'il faut battre la mesure à quatre temps ?

R. Par un grand C.

D. Que signifie le grand C, placé après la clef ?

R. Il signifie qu'il faut battre la mesure à quatre temps.

TABLEAU 6.

PRÉPARATION RHYTHMIQUE POUR LA LECTURE COURANTE DES FIGURES DE NOTES : RONDE, BLANCHE ET NOIRE, AVEC DES SILENCES ÉQUIVALENTS.

1. D. Comment énonce-t-on les temps ou portions de temps que les silences peuvent occuper dans une mesure ?

R. En prononçant les chiffres 1, 2. 3, 4. — Battez trois fois une pause. — Battez trois fois blanche et demi-pause. — Battez trois fois noire, soupir, noire, soupir. — Battez trois fois noire, soupir et demi-pause.

VALEUR DE LA NOTE POINTÉE.

2. D. Qu'est-ce qu'une note pointée ?

R. Celle qui est suivie d'un point.

D. Que vaut une note pointée ?

R. La moitié en sus de sa valeur.

D. Que vaut la ronde pointée ?

R. Trois blanches.

D. Que vaut la blanche pointée ?

R. Trois noires.

D. Que vaut la noire pointée ?

R. Trois croches.

D. Lorsqu'il y a deux points successifs, que vaut le second ?

R. La moitié du premier.

TABLEAU 7.

ÉCHELLE DIATONIQUE. — GAMME EN CHIFFRES AVEC SIGNES MANUELS.

2. D. Dans la gamme solfiée en chiffres, qu'est-ce que le nom de chaque chiffre annonce ?

R. Le nom de chaque chiffre annonce le rang de la note qu'il sonne.

3. D. Entre quels chiffres de la gamme les deux demi-tons sont-ils toujours placés ?

R. Entre 3-IV et 7-VII.

D. Quel est l'intervalle 1-2 ?

R. Un ton.

D. Quel est l'intervalle 3-IV ?

R. Un demi-ton. Demander pareillement les signes manuels de 2-3, etc.

TABLEAU 7-B.

Distinction des intervalles de seconde, de tierce, etc.

1. D. Qu'est-ce que le nom de chaque intervalle musical exprime ?

R. Il exprime le rang de la note où l'on va, par rapport à la note d'où l'on part : comme ut-ré, intervalle de seconde ; ut-mi, intervalle de tierce, etc.

2. D. De combien de notes diatoniques les intervalles de seconde, de tierce, de quarte, etc., sont-ils formés ?

R. L'intervalle de seconde est formé par deux notes diatoniques ; la tierce est une distance de trois notes diatoniques : la quarte est de quatre notes diatoniques ; la quinte, de cinq notes ; la sixte, de six notes ; la septième, de sept notes ; et l'octave est de huit notes également diatoniques.

Solmisation de la première classe.

3. D Que veut dire, en musique, le mot Attaquer ?

R. C'est commencer l'exécution d'une partie mu-
...endre après un silence.
...il attaquer le son ?
...t avec justesse, sans y arri-
... traînée de la voix.

4. D. Lorsqu'on attaque successivement plusieurs notes, doit-on reprendre haleine entre chaque son ?

R. Non, il faut solfier sans saccades, c'est-à-dire, sans mouvements trop marqués du gosier.

5. D. Quelle est la règle générale d'exécution, lorsque le chant est ascendant et lorsqu'il est descendant ?

R. Il faut augmenter le dégré de force des sons en passant du grave à l'aigu et l'affaiblir en descendant de l'aigu vers le grave.

6. D. Quelles sont les trois principales règles de convenance à observer en chantant, par rapport à la position du corps et à l'aspect de la physionomie ?

R. Il faut 1° se tenir dans une position naturelle et porter la tête droite sans raideur ; 2° avoir la bouche souriante et médiocrement ouverte ; 3° ne pas laisser prendre à la physionomie un caractère sombre, et éviter de faire aucune grimace.

TABLEAU 8.

Première analyse de la seconde et préparation de cet intervalle sur la main.

1. D. Comment nomme-t-on la répétition d'un même intervalle à partir de chaque degré d la gamme ?

R. Une progression.

D. Qu'est-ce qu'une progression ?

R. La répétition d'un même intervalle à partir de chaque degré de la gamme.

2. D. Comment nomme-t-on l'intervalle formé de deux positions diatoniques sur la main et sur la portée ?

R. Intervalle de seconde.

D. Qu'est-ce qu'une seconde ?

R. C'est l'intervalle formé par deux positions diatoniques sur la main et sur la portée.

D. Donnez des exemples de seconde. — Touchez des secondes sur la main. (L'élève touche sol-la, si-do, etc.) — Solfiez des secondes sur la main.

TABLEAU 9.

ÉCHELLE PROGRESSIONNELLE DES MOUVEMENTS INTERMÉDIAIRES ENTRE LE PLUS LENT ET LE PLUS VIF.

1 D. Comment appelle-t on le degré de vitesse ou de lenteur que l'on donne à la mesure ?

R. Le mouvement.

D. Qu'est-ce que le mouvement ?

R. C'est le degré de vitesse ou de lenteur que l'on donne à la mesure.

2. D. Combien distingue-t-on de mouvements principaux ?

R. Il y a cinq mouvements principaux.

D. Nommez-les en commençant par le plus lent ?

R. Largo ou lento, adagio, andante, allegro, presto.

D. Que signifie largo ou lento ?

R. Lentement.

D. Adagio ?

R. A l'aise, posément.

D. Andante ?

R. Modéré, avec grâce.

D. Allegro ?

R. Vif ou gai.

D. Presto ?

R. Vite.

PREMIER CHANT DES SECONDES.

3. D. Quelles sont les premières paroles du chant des secondes ?

R. *Du chêne jeune encore.*

TABLEAU 10.

PREMIÈRE ANALYSE DE LA TIERCE ET PRÉPARATION DE CET INTERVALLE SUR LA MAIN.

1 D. Comment nomme-t-on l'intervalle qui comprend trois positions diatoniques ?

R. Une tierce.

D. Qu'est-ce qu'une tierce ?

R. C'est un intervalle qui comprend trois positions diatoniques.

2. D. Les notes placées à distance tierce (in-

tervalle impair) ont-elles des positions semblables ou des positions différentes sur la portée ?

R. Elles ont des positions semblables, comme de ligne en ligne ou d'interligne en interligne. — Touchez des tierces sur la main. — L'élève touche sol-si ou fa-la, etc. — Solfiez des tierces sur la main.

TABLEAU 11.

Premier chant des tierces.

1. D. En quoi consiste la prononciation ?

R. La prononciation consiste à donner aux lettres et aux syllabes les sons qu'elles doivent avoir dans la langue que l'on parle ou que l'on chante.

D. La prononciation est-elle variable ?

R. La prononciation ne peut varier, elle doit toujours être correcte et selon les règles de la grammaire.

D. Quel est le défaut qu'il faut éviter avec le plus de soin dans le chant ?

R. C'est le grasseyement ou mauvaise prononciation de l'*r*.

2. D. Qu'est-ce que l'articulation ?

R. C'est une manière d'exécuter, nette et distincte, qui ne laisse pas perdre une syllabe des paroles ni une note de la musique.

D. L'articulation est-elle variable ?

R. L'articulation est variable et doit être plus ou moins forte et marquée, selon l'étendue de la salle et en raison de la distance où l'on se trouve des auditeurs.

D. Quelles sont les premières paroles du chant des tierces ?

R. *On vous propose un fonds.*

TABLEAU 12.

Première analyse de la quarte et préparation de cet intervalle sur la main.

1. D. Comment nomme-t on l'intervalle qui comprend quatre positions diatoniques ?

R. Une quarte.

D. Qu'est-ce qu'une quarte ?

R. C'est l'intervalle qui comprend quatre positions diatoniques.

2. D. Les notes écrites à distance de quatre (intervalle pair) ont-elles des positions semblables ou des positions différentes sur la portée ?

R. Elles ont des positions différentes, comme tous les intervalles pairs. — Touchez des quartes sur la main. — L'élève touche mi-la ou sol-ut, etc. — Solfiez des quartes sur la main.

TABLEAU 13.

Premier chant des quartes.

1. D. Quelles sont les premières paroles du chant des quartes ?

R. *Notre vie est un champ*, etc. — Battez en mesure, et trois fois de suite, deux croches et trois noires.

TABLEAU 14.

PREMIÈRE ANALYSE DE LA QUINTE ET PRÉPARATION DE CET INTERVALLE SUR LA MAIN.

1. D. Comment nomme-t-on l'intervalle qui comprend cinq positions diatoniques?

R. Une quinte.

D. Qu'est-ce qu'une quinte?

R. L'intervalle qui comprend cinq positions diatoniques.

2. D. Les notes écrites à distance de quinte (intervalle impair) ont-elles des positions semblables ou des positions différentes sur la portée?

R. Elles ont des positions semblables, comme tous les intervalles impairs. — Touchez des quintes sur la main. — L'élève touche sol-ré ou fa-ut, etc. — Solfiez des quintes sur la main.

TABLEAU 15.

TACET.

TABLEAU 16.

TACET.

TABLEAU 17.

PREMIÈRE ANALYSE DE LA SIXTE ET PRÉPARATION DE CET INTERVALLE SUR LA MAIN.

1. D. Comment nomme-t-on l'intervalle qui comprend six positions diatoniques ?

R. Une sixte.

D. Qu'est-ce qu'une sixte ?

R. C'est un intervalle qui comprend six positions diatoniques.

2. *D.* Les notes écrites à distance de sixte (intervalle pair) ont-elles des positions sembla- ou des positions différentes sur la portée ?

R. Elles ont des positions différentes, comme tous les intervalles pairs. Touchez des sixtes sur la main. — (L'élève touche mi-do, ou fa-ré, etc). — Solfiez des sixtes sur la main.

TABLEAU 18.

PREMIÈRE ANALYSE DE LA SEPTIÈME, ET PRÉPARATION DE CET INTERVALLE SUR LA MAIN.

1. D. Comment nomme-t-on l'intervalle qui

comprend sept positions diatoniques ?

R. Une septième.

D. Qu'est-ce qu'une septième ?

R. C'est un intervalle qui comprend sept positions diatoniques.

2. D. Les notes écrites à distance de septième (intervalle impair) ont-elles des positions semblables ou des positions différentes sur la portée ?

R. Elles ont des positions semblables, comme tous les intervalles impairs. — Touchez des septièmes sur la main. — L'élève touche mi-ré, fa-mi, etc. — Solfiez des septièmes sur la main.

TABLEAU 19.

TACET.

TABLEAU 20.

Première analyse de l'octave et préparation de cet intervalle sur la main.

1. D. Comment nomme-t-on l'intervalle qui comprend huit positions diatoniques ?

R. Une octave.

D. Qu'est-ce qu'une octave ?

R. C'est l'intervalle qui comprend huit positions diatoniques.

2. D. Les notes écrites à distance d'octave (intervalle pair) ont-elles des positions semblables ou des positions différentes sur la portée ?

R. Elles ont des positions différentes, comme tous les intervalles pairs. — Touchez des octaves sur la main. — L'élève touche mi-mi, fa-fa, etc. — Solfiez des octaves sur la main.

TABLEAU 21.

TABLEAU 22.

RÉCAPITULATION DES EXERCICES DE SOLMISATION PROGRESSIONNELLE.

1. D. Quelles sont les positions respectives de deux notes à distance d'intervalle impair ?

R. Elles ont des positions semblables, comme de ligne en ligne ou d'interligne en interligne.

2. D. Quelles sont les positions respectives de deux notes à distance d'intervalle pair ?

R. Elles ont des positions différentes, comme d'une ligne à un interligne ou d'un interligne à une ligne.

TABLEAU 23-A.

ESCALIER CHROMATIQUE : DIÈZE, BÉMOL, BÉCARRE.

1. D. Comment peut-on partager chacun des cinq tons de la gamme diatonique ?

R. En deux demi-tons à peu près égaux.

2. D. Comment nomme-t-on la gamme qui procède par demi-tons consécutifs ?

R. La gamme chromatique.

D. Qu'est-ce que la gamme chromatique ?

R. C'est celle qui procède par demi-tons consécutifs.

D. Combien la gamme chromatique comprend-elle de demi-tons ?

R. Douze demi-tons.

3. D. De quels signes se sert-on pour indiquer l'élévation ou l'abaissement d'un demi-ton ?

R. Du dièze ou du bémol.

D. Quel est l'effet du dièze ?

R. Il fait élever l'intonation musicale d'un demi-ton

D. Dessinez un dièze. — Quel est l'effet du bémol ?

R. Il fait baisser d'un demi-ton.

D. Dessinez un bémol. — A quoi sert le bécarre ?

R. A détruire l'effet du dièze ou du bémol ? — Dessinez un bécarre.

4. D. Pourquoi emploie-t-on le double dièze ?
R. Pour élever de deux demi-tons.
D. Pourquoi le double bémol ?
R. Pour baisser de deux demi-tons.
D. Que fait le bécarre après un double dièze ou un double bémol ?
R. Il détruit l'effet d'un seul dièze ou d'un seul bémol.

5. D. Qu'appelle-t-on note dièzée ?
R. Celle qui est précédée d'un dièze.
D. Qu'est-ce qu'une note bémolisée ?
R. Celle qui est précédée d'un bémol.
D. Qu'appelle-t-on note naturelle ?
R. Celle qui n'est ni dièzée ni bémolisée.

Main chromatique.

D. Où touche-t-on sur la main les notes dièzées, les notes bémolisées et les notes naturelles ?
R. Les notes diézées se touchent en haut des doigts, les notes bémolisées au bout, et les notes naturelles au milieu.

TABLEAU 23-B.

Deuxième analyse de l'intervalle de seconde. — Seconde majeure et seconde mineure.

1. D. Comment nomme-t-on la seconde formée par un ton ?
R. Seconde majeure.

D. Qu'est-ce qu'une seconde majeure?

R. C'est celle qui est formée par un ton.

D. Comment nomme-t-on la seconde formée par un demi-ton?

R. Seconde mineure.

D. Qu'est-ce qu'une seconde mineure?

R. C'est celle qui est formée par un demi-ton.

2. D. Combien y a-t-il, dans la gamme de secondes majeures et de secondes mineures?

R. Cinq secondes majeures et deux secondes mineures.

D. Quelles sont les deux secondes mineures?

R. Mi-fa et si do.

3. D. En prononçant les notes ut-ré, qu'indique-t-on, si on élève la main ouverte?

R. On indique la seconde majeure.

D. Et si l'on élève la main à demi-fermée?

R. On indique la seconde mineure ut-ré bémol.

Faire exécuter quelques autres exemples, comme sol-fa (main ouverte) et sol-fa dièze (main fermée).

4. D. La seconde majeure peut-elle devenir mineure et la seconde mineure peut-elle devenir majeure?

R. Oui, par l'emploi convenable des signes: dièze bémol ou bécarre.

D. Touchez sol-la, seconde majeure, et rendez cette seconde mineure?

R. Sol-la bémol ou sol-la dièze.

— Faire toucher la seconde majeure ou la seconde mineure d'une note quelconque.

5. D. Comment nomme-t-on la seconde d'un ton et demi ?

R. Seconde augmentée.

D. Qu'est-ce qu'une seconde augmentée ?

R. C'est celle qui comprend un ton et demi.

—Faire toucher sur la main la seconde augmentée d'une note quelconque.

TABLEAU 24 ET 25.

TONS ET MODES.

TABLEAU 24.

TRANSPOSITION.

1. D. Qu'est-ce que transporter ?

R. C'est poser plus bas ou plus haut, sur la portée les notes d'un chant qui serait trop aigu ou trop grave pour l'exécutant.

TONIQUE ET TON. — DIÈZES ET BÉMOLS, CONSÉCUTIFS OU ACCIDENTELS.

1. D. Comment nomme-t-on la première ou la dernière note d'une gamme ?

R. La tonique.

D. Qu'est-ce qu'une tonique ?

R. C'est la première ou la dernière note d'une gamme.

D. Quel effet le son de la tonique produit-il, par rapport au sens musical ?

R. Il produit l'effet du point final d'une phrase littéraire.

D. Quand la tonique est do, quel est le ton de la gamme ?

R. C'est le ton de do.

2. D. Comment nomme-t-on les dièzes ou les bémols qui font partie intégrante d'une gamme pour en constituer le ton ?

R. On les nomme dièzes ou bémols constitutifs.

D. Qu'appelle-t-on dièzes ou bémols constitutifs ?

R. Les dièzes ou les bémols qui font partie intégrante d'une gamme pour en constituer le ton.

D. Qu'appelle-t-on armer la clef ?

R. C'est placer en tête du morceau et après la clef, les dièzes ou les bémols constitutifs.

3. D. Comment les signes de l'armure agissent-ils ?

R. Ils agissent à toutes les octaves des notes qu'ils affectent, et pendant toute la durée du morceau de musique.

D. Comment appelle-t-on les dièzes ou les bémols qui se présentent passagèrement ?

R. Dièzes ou bémols accidentels ?

D. Qu'est-ce que des dièzes ou des bémols accidentels ?

R. Ce sont ceux qui se présentent passagèrement dans le courant d'un morceau de musique.

D. Comment les diézes ou bémols accidentels agissent-ils.

R. Dans la seule mesure où ils sont placés.

Ordre générateur des dièzes et des bémols constitutifs.

4. D. Dans quel ordre de génération les dièzes et les bémols constitutifs se présentent ils ?

R. Les dièzes se présentent dans un ordre de quintes ascendantes, et les bémols dans un ordre de quartes ascendantes.

D. Nommez les dièzes dans leur ordre générateur ?

R. Fa-do-sol-ré-la-mi-si.

D. Nommez les bémols dans leur ordre générateur ?

R. Si-mi-la-ré-sol-do-fa.

5. D. Comment les dièzes et les bémols de l'armure se présentent-ils ou disparaissent-ils,

R. Dans leur ordre générateur.

D. Quand il y a un dièze à l'armure, quel est-il ?

R. Fa.

R. Deux ?

D. Fa, do.

D. Trois ?

R. Fa-ut-sol, etc.

D. Quand il y a un bémol, quel est-il?

R. Si.

D. Deux?

R. Si mi. — D. Trois? — R. Si, mi, la, etc.

TABLEAU 23-A.

NOTES TONALES ET NOTES MODALES.

D. Quels sont les trois sons de la gamme diatonique qui engendrent les quatre autres sons par les produits de leurs accords parfaits?

R. Ce sont les notes I-IV-V.

1. D. Comment qualifie-t-on les notes I-IV-V, celles qui, en do, portent le nom de *trois* clefs, do, fa, sol?

R. On les qualifie de notes tonales.

D. Qu'appelle-t-on notes tonales?

R. Les notes I-IV-V.

D. Les notes tonales sont-elles variables?

R. Elles sont invariables, parce que si on venait à les diézer ou à les bémoliser, on changerait de ton.

D. La quinte de chaque note tonale est-elle invariable?

R. La quinte de chaque note tonale est juste et invariable, comme la note tonale.

2. D. Comment qualifie-t-on les notes 3-6-7,

celles qui forment tierce avec les notes tonales?

R. On les qualifie de notes modales.

D. Qu'appelle-t-on notes modales?

R. les notes 3-6-7, qui forment tierce avec les notes tonales.

D. Les notes modales sont-elles variables?

R. Elles sont variables, parce que si on vient à les baisser, on ne change pas de ton, mais on change de mode ou de manière d'être dans ce ton.

Mode majeur et mode mineur.

3. D. Dans un ton quelconque, dans quel cas le mode est-il majeur, et quand est-il mineur?

R. Le mode est majeur si la tierce de la tonique est majeure, le mode est mineur si la tierce de la tonique est mineure.

D. La gamme de l'escalier vocal, do-ré-mi, est-elle en mode majeur ou en mode mineur?

R. Elle est en mode majeur, puisque do-mi forment une tierce majeure.

Variantes de la gamme en mode mineur.

4. Touchez, sur la main, la gamme mineure de do avec les variantes causées par la varia-

bilité des trois notes modales 3-6-7.

5. D. Comment peut-on résumer en trois mots les remarques faites sur l'abaissement variable des notes 3, 6, 7 dans le mode mineur ?

R. La tierce est toujours mineure, la sixte souvent, et la septième rarement et même jamais en montant à la huitième.

D. Comment se nomme la septième note, lorsqu'elle monte à la huitième ?

R. Elle se nomme note sensible.

Différence d'armure entre le mineur et le majeur d'un même ton.

6. D. Quelle est la différence d'armure du majeur au mineur dans un même ton ?

R. L'armure du mineur a trois bémols de plus ou trois dièzes de moins que l'armure du majeur.

D. Si on ne peut ôter qu'un dièze à cause de l'armure, que fait-on ?

R. On ajoute deux bémols.

D. Et si on ôte deux dièzes ?

R. On n'ajoute qu'un bémol.

TABLEAU 23 B.

Tons et modes relatifs.

1. D. Comment qualifie-t-on le mode majeur

et le mode mineur qui ont la même armure, quoiqu'ils appartiennent à des tons différents?

R. On les appelle tons ou modes relatifs.

D. Qu'est-ce que deux tons relatifs?

R. Ce sont deux tons qui ont la même armure, quoique l'un soit majeur et l'autre mineur.

2. D. A quelle distance respective deux toniques de modes relatifs sont-elles placées?

R. Elles sont placées à distance de tierce mineure.

D. Dans une tierce mineure quelconque, quelle est la note qui est la tonique du mode majeur relatif, et quelle est celle qui est la tonique du mode mineur?

R. La note aigüe est la tonique du mode majeur relatif, et la note grave est la tonique du mode mineur.

Tons et modes déterminés par l'armure de la clef et par la note finale de la mélodie ou de la basse.

3. D. Quelle est la règle générale pour connaître le ton et le mode d'après la note finale?

R. La tonique est la note qui, dans quelque ton que ce soit, termine la mélodie, ou la basse de l'harmonie; le mode est majeur si la tierce de cette tonique est majeure; le mode est mineur, si la tierce est mineure.

1. D. Quel est le rang de la tonique par rapport au dernier dièze d'une armure?

R. La tonique est une seconde au-dessus du dernier dièze, pour le mode majeur; ou une seconde au-dessous, pour le mineur relatif.

D. Quel est le rang de la tonique par rapport au dernier bémol d'une armure?

R. La tonique est la quinte du dernier bémol pour le mode majeur, ou la tierce pour le mode mineur relatif.

Armure déterminée par le ton et le mode.

5. Que faut-il à l'armure si la septième note de la tonique est diézée?

R. Il faut des dièzes, dont cette septième note est le dernier.

D. Que faut-il à l'armure, si la septième note de la tonique est naturelle?

R. Il faut des bémols, dont le dernier est la quarte du ton, excepté pour la tonique ut.

Tons et modes enharmoniques.

6. D. Comment nomme-t-on le passage vocal d'ut dièze à ré bémol?

R C'est une transition enharmonique.

D. Qu'est-ce qu'une transition enharmonique?

R. C'est le passage du dièze au bémol de deux notes écrites à distance de seconde, comme d'ut-dièze à ré-bémol, ou de demi-dièze à fa.

7. D. Quel est le total des signes de l'armure de deux tons enharmoniques ?

R. Douze signes.

D. En do dièze majeur, la clef est armée de sept diézes, quelle est l'armure du ton enharmonique ré bémol ?

R, cinq bémols, puisque 7 plus 5 égalent 12.

Toucher plusieurs fois sur la main deux notes formant enharmonie, comme sol-dièze et la bémol et, d'après le nombre des dièzes ou des bémols de l'une des deux gammes, faire trouver les bémols ou les dièzes de l'autre.

Tons et modes incertains.

8. D. Dans quel cas le ton est-il incertain ?

R. Lorsque les trois notes tonales, I-IV-V, ne sont pas employées.

D. Dans quel cas le mode est-il incertain ?

R. Quand les notes modales 3, 6, 7, ne paraissent pas,

TABLEAU 26.

Suite de la deuxième étude de l'intervalle de seconde.

Les questions à faire sur cette portion du tableau 9 doivent consister à demander en français le sens littéral des termes de mouvements écrits en italien, et réciproquement.

Première étude des notes syncopées.

D. Qu'appelle-t-on temps forts?

R. Dans les mesures à quatre temps et à deux temps, ce sont les temps impairs, dans la mesure à trois temps, le premier temps est fort.

D. Pourquoi les appelle-t-on temps forts?

R. Parce qu'ils sont frappés ou qu'ils peuvent être frappés.

D. Comment nomme-t-on les temps pairs?

R. Temps faibles.

1. D. Comment nomme-t-on un son qui commence sur un temps faible et se prolonge sur un temps fort?

R. C'est un son syncopé ou une syncope.

D. Qu'est-ce qu'une note syncopée?

R. C'est une note qui commence à un temps faible et se prolonge sur un temps fort.

TABLEAU 27.

Notes coulées et notes détachées ou staccato.

1. D. Comment nomme-t-on des liaisons par-

tielles de peu de notes ?

R. Des notes coulées.

D. Qu'est-ce que des notes coulées ?

R. Ce sont des liaisons partielles de peu de notes.

2. D. Quelle est la règle d'exécution des notes coulées ?

R. Il faut appuyer sur la première et donner à la dernière la moitié de sa valeur.

D. N'y a-t-il pas une exception à cette règle ?

R. La deuxième note coulée conserve toute sa valeur quand elle est plus longue que la première.

3. D. Comment nomme t-on le genre d'exécution par lequel, au lieu de soutenir les notes pendant toute leur valeur, on les sépare par un silence pris sur cette même valeur ?

R. C'est le détaché ou staccato.

D. Qu'appelle-t-on le détaché ou staccato ?

R. C'est le genre d'exécution par lequel, au lieu de soutenir les notes pendant toute leur valeur, on les sépare par un silence pris sur cette même valeur.

D. Quel est le signe du staccato ?

R. Des points ronds ou allongés placés au-dessus des notes à détacher.

D. Que fait-on lorsque les points sont ronds ?

R. Il faut donner aux notes la moitié de leur valeur.

D. Que fait-on lorsque les points sont allongés?

R. On donne aux notes le quart de leur valeur.

D. Comment nomme-t-on le moment où une partie commence ?

R. C'est l'entrée.

D. Qu'appelle-t on l'entrée d'une partie ?

R. C'est le moment où elle commence.

D. Comment nomme-t-on le moment où une partie recommence après avoir compté des silences?

R C'est la rentrée.

D. Qu'appelle-t-on une rentrée ?

R. C'est le moment où une partie recommence après avoir compté des silences

D. Comment nomme-t-on le passage exécuté par une partie et écrit en petites notes sur les autres parties pour assurer la justesse et la précision de leur entrée ou de leur rentrée?

R. C'est une réplique.

D. Qu'appelle-t-on une réplique ?

R. C'est le passage exécuté par une partie et écrit en petites notes sur les autres parties pour assurer la justesse et la précision de leur entrée ou de leur rentrée.

TABLEAU 28.

Deuxième analyse de la tierce.

1. D. Comment nomme-t-on la tierce formée par deux tons?

R. Tierce majeure.

D. Qu'est-ce qu'une tierce majeure?

R. C'est une tierce formée de deux tons.

D. Comment nomme-t-on la tierce formée d'un ton et demi?

R. Tierce mineure.

D. Qu'est-ce qu'une tierce mineure?

R. C'est celle qui est formée par un ton et demi.

2. D. Combien y a-t-il, dans la gamme, de tierces majeures et de tierces mineures?

R. Trois tierces majeures et quatre mineures.

3. D. Quelles sont les trois tierces majeures?

R. Ce sont les tierces des notes ut-fa-sol, qui portent le nom des trois clefs.

4. D. La tierce majeure peut-elle devenir mineure et la tierce mineure peut-elle devenir majeure?

R. Oui, par l'emploi convenable des signes altératifs dièze ou bémol. — Touchez sur la main fa-la, tierce majeure, et rendez-la mineure. — L'élève touche d'abord fa-la, puis fa, la, bémol, et la dièze-la. — Touchez ré-fa, tierce mineure, et rendez la majeure. — L'élève touche d'abord ré-fa, puis ré-fa dièze, ou ré bémol, fa.

TABLEAU 29.

TACET.

TABLEAU 30.

Deuxième analyse de la quarte = quarte juste et quarte augmentée.

1. D. Combien y a-t-il de quartes dans la gamme ?

R. Six quartes justes et une quarte augmentée ou triton, fa-si.

D. Comment la quarte juste est-elle écrite ?

R. Avec deux notes également naturelles, ou diézées ou bémolisées, excepté la quarte juste de fa, qui est si bémol et la quarte juste de fa dièze, qui est si.

D. Quand la quarte est-elle augmentée ?

R. Lorsque la seule note supérieure est diézée ou si la seule note inférieure est bémolisée.

N. B. Demander des exemples.

TYPE POUR L'INTONATION DE LA QUARTE JUSTE. = DEUXIÈME ÉTUDE DE L'INTERVALLE DE QUARTE.

Exécution vocale conforme aux procédés décrits.

EXÉCUTION DU PORT DE VOIX OU PORTAMENTO.

1. D. En quoi consiste le port de voix ou portamento ?

R. Le port de voix, qui se pratique entre deux notes disjointes, consiste à diminuer un peu la valeur de la première note pour anticiper sur le son de la deuxième, en glissant légèrement la voix de l'un à l'autre son.

2. D. Quelle est la règle d'exécution pour le port de voix ?

R. Pour le port de voix ascendant, on passe du doux au fort, mais pour le port de voix descendant, on passe, au contraire, du fort au doux.

TABLEAU 31.

PREMIERS EXERCICES SUR LA MESURE A DEUX TEMPS.

1. D. Comment bat-on la mesure à deux temps ?

R. On frappe le premier temps et on lève le deuxième.

2. D. Comment indique-t-on, sur la musique, la mesure à deux temps?

R. Par un 2 ou par un C barré placé à la clef.

SILENCE AU COMMENCEMENT D'UN TEMPS.

3. D. Lorsqu'un temps commence par un silence, comment compte-t-on ce silence?

R. En prononçant les syllabes un, deux, etc.

TABLEAU 32.

DEUXIÈME ANALYSE DE LA QUINTE. — QUINTE JUSTE ET QUINTE AUGMENTÉE.

1. D. Combien y a-t-il de quintes dans la gamme?

R. Six quintes justes et une quinte diminuée, si, fa.

D. Comment la quinte juste est-elle écrite?

R. Avec deux notes également naturelles, ou diézées ou bémolisées, excepté la quinte juste de si qui est fa dièze, et la quinte juste de si bémol, qui est fa.

D. Quand la quinte est-elle diminuée?

R. Quand la seule note supérieure est bémolisée, ou si la note inférieure seule est diézée.

Faire toucher la quinte juste ou la quinte diminuée d'une note naturelle ou diézée ou bémolisée.

TABLEAU 33.

PREMIER EXERCICE PRÉPARATOIRE SUR LA MESURE A TROIS TEMPS.

1. Comment bat-on la mesure à trois temps?

R. On frappe le premier temps, on marque le deuxième à droite et on lève le troisième.

Faire battre plusieurs fois cette mesure à trois temps.

2. D. Comment indique-t-on qu'il faut battre la mesure à trois temps?

R. Par un 3 ou 3 4 placé à la clef.

3. D. La pause s'emploie-t-elle dans les mesures à trois temps, à deux temps, etc?

R. Elle s'emploie pour marquer le silence d'une mesure entière.

TABLEAU 34.

PREMIÈRE LECTURE AVEC CLEF DE FA.

1. D. Quelles sont les voix et les instruments dont la musique est écrite avec clef de fa?

R. Ce sont les voix de basse et les instruments à sons graves.

2. D. De quelles lignes de la portée générale la portée avec clef de fa est-elle formée?

R. Elle est formée des cinq lignes inférieures.

3. D. Quel est le rapport de l'élévation de l'ut aigu, de la clef de fa, de l'ut, de la clef d'ut, et de l'ut grave de la clef de sol?

R. Ces trois ut sont à l'unisson.

D. Les femmes et les enfants qui lisent la musique de basse ou de ténor, chantent-ils au degré de gravité où les notes sont écrites?

R. Ces voix chantent une octave plus haut que la musique n'est écrite.

D. Et les hommes qui lisent la musique de dessus?

R. Ils chantent une octave plus bas que la musique n'est écrite.

TABLEAU 35.

TACET.

TABLEAU 36.

DEUXIÈME ANALYSE DE LA SIXTE. = SIXTE MAJEURE ET SIXTE MINEURE.

1. D. Combien y a-t-il de sixtes dans la gamme?

R. Trois sixtes mineures et quatre sixtes majeures.

D. Quelles sont les notes dont la sixte est majeure?

R. Ce sont les notes qui portent le nom des trois clefs fa, ut, sol, et de plus le ré.

2. D. Dans quels cas les sixtes d'ut, de fa, de sol et de ré deviennent-elles mineures?

R. Quand la note inférieure est diézée ou si la note supérieure est bémolisée.

D. Comment nomme-t-on la sixte plus grande d'un demi-ton que la sixte majeure?

R. Sixte augmentée.

D. Qu'est-ce qu'une sixte augmentée?

R. C'est la sixte qui est plus grande d'un demi-ton que la sixte majeure.

TABLEAU 37.

Premiers exercices rhythmiques et préparatoires sur la mesure a six huit.

1. D. Quel est le caractère rhythmique de la mesure à six huit ?

R. La mesure de six huit est une mesure à deux temps, puisqu'elle contient trois croches par temps, tandis que deux-quatre ne contient que deux croches.

D. Comment nomme-t-on la mesure à deux temps, qui contient trois croches par temps ?

R. C'est la mesure à six huit.

TABLEAU 38.

Appogiature simple ou petite note d'agrément.

1. D. Qu'est-ce que l'appogiature ?

R. C'est une petite note sur laquelle la voix appuie avant de couler sur la note ordinaire qui la suit.

D. Quelles sont les règles d'exécution pour l'appogiature ?

R. Il faut : 1° donner à l'appogiature la moitié de la valeur de la note qui la suit, ou les deux tiers si c'est une note pointée ; 2° prononcer le nom de la note principale en formant le son de la petite note; 3° articuler l'appogiature au temps juste de la grosse note; 4° appuyer plus sur la petite note supérieure et moins sur la petite note inférieure.

2. D. Quand la petite note est employée pour écrire le port de voix, sur quelle note retranche-t-on la valeur de cette petite note?

R. Sur la valeur de la note qui la précède.

TABLEAU 39.

DEUXIÈME ANALYSE DE LA SEPTIÈME. — SEPTIEME MAJEURE ET SEPTIEME MINEURE.

1. D. Combien y a-t-il, dans la gamme, de septièmes majeures et de septièmes mineures?

R. Deux septièmes majeures et cinq mineures.

D. Quelles sont les deux notes dont la septième est majeure?

R. Ut et fa, première et quatrième de la gamme.

D. La septième majeure peut-elle devenir mineure et la septième mineure devenir majeure?

R. Oui par l'emploi convenable des dièzes ou des bémols.

Faire toucher sur la main une septième majeure et la faire rendre mineure, etc.

D. Comment nomme-t-on la septième qui est plus petite d'un demi-ton que la septième mineure?

R. Septième diminuée.

D. Qu'est-ce qu'une septième diminuée?

R. Celle qui est plus petite d'un demi-ton que la septième mineure.

Faire toucher la septième diminuée de telle ou telle note.

TRIOLETS, OU TROIS NOTES POUR DEUX DE LA MÊME FIGURE.

2. D. Comment nomme-t-on trois notes que l'on passe dans le même temps que deux notes de la même figure?

R. Triolets.

D. Qu'appelle-t-on triolets?

R. Trois notes que l'on passe dans le même temps que deux autres notes de la même figure.

D. Comment indique-t-on les triolets dans l'écriture musicale?

R. Les notes groupées en triolets sont surmontées d'un trois.

TABLEAU 40.

DEUXIÈME ANALYSE DE L'INTERVALLE D'OCTAVE.

1. D. Quand l'Octave est-elle juste?

R. Lorsque les deux notes sont également naturelles, ou diézées ou bémolisées.

Faire toucher l'octave juste de telle ou telle note.

2. D. Quel nom prend l'octave lorsque le dièze ou le bémol n'affecte que l'une des deux notes?

R. Octave diminuée ou octave augmentée.

Faire toucher l'octave augmentée ou diminuée de telle ou telle note.

TABLEAU 41 A.

TACET.

TABLEAU 42.

(Premier et deuxième cours).

Indicateur-vocal, avec notes et clefs mobiles.

REMARQUE.

Le Tableau de l'indicateur-vocal représente une portée ordinaire coupée par quatre barres perpendiculaires qui forment entr'elles trois compartiments. Les notes naturelles s'indiquent avec le doigt ou la baguette dans le compartiment du centre, le compartiment de gauche est pour les notes diézées, et celui de droite pour les notes bémolisées ; ce sont ces compartiments que nous nommons aussi portée diézée, portée naturelle et portée bémolisée. Au centre des lignes et des interlignes de chaque portée, on remarque un rang de trous aligné perpendiculairement ; ils servent à placer à volonté huit notes mobiles et chiffrées 1 à 8. Les trois clefs s'implantent aussi par un même moyen aux places qu'elles doivent occuper.

AVIS.

Comme *appendice* aux Tableaux du premier cours il est donné en deux feuilles des notions de plain-chant dont chacun appréciera l'utilité et la convenance.

TABLEAU SUPPLÉMENTAIRE.

NOTIONS DE PLAIN-CHANT.

NOTES ET AUTRES SIGNES EN USAGE DANS LE PLAIN-CHANT. — EXERCICES PRATIQUES.

1. D. Comment nomme-t-on le chant de l'église catholique, apostolique et romaine?

R. Plain-chant.

D. Qu'est-ce que le plain-chant ?

R. C'est le chant de l'église catholique, apostolique et romaine.

2. D. De combien de lignes la portée du plain-chant est-elle formée ?

R. De quatre lignes.

3. D. Combien le plain-chant emploie-t il de figures de notes ?

R Trois ; la longue, la brève et la semi-brève. Faire dessiner ces figures de notes.

D. Quelles sont les figures de silence correspondantes à ces trois figures de notes ?

R. Le bâton de deux espaces, le bâton d'un espace, et le bâton d'un demi-espace ou pause.

4. D. Quelles sont les clefs dont on se sert dans le plain-chant ?

R. La clef de fa et la clef d'ut.

D. Comment appelle-t-on deux ou plusieurs brèves sur le même degré ?

R. Une prolation.

D. Qu'est ce qu'une prolation ?

R. Ce sont deux ou plusieurs brèves sur le même degré.

5. D. Quels sont les signes de musique employés aussi dans le plain-chant ?

R. Le guidon, la petite barre, la grande barre, la double barre, la liaison, le point d'augmentation ; et les figures de noires, de croches et même de doubles croches, dont les têtes sont alors en lozange.

6. D. Emploie-t-on le dièze et le bémol dans le plain-chant ?

R. On emploie le bémol devant le si et quelquefois devant le mi ; mais on se sert rarement du dièze, quoiqu'on le fasse sentir, sans qu'il soit marqué, devant la note qui monte diatoniquement à la finale, ce qui produit l'effet du demi-ton 7-8 : le bécarre détruit le bémol ou le dièze.

Distinction des tons et des modes du plain-chant ; remarques sur la pratique de ce chant.

1. D. Combien y a-t il de tons ou modes dans le plain-chant ?

R. Huit.

D. Quels sont les tons principaux ?

R Ce sont les tons impairs, 1, 3, 5, 7, qui se nomment encore Supérieurs, à cause de leur étendue vers l'aigu, à partir de la finale.

D. Comment nomme-t-on les autres tons du plain-chant ?

R. Tons pairs ou inférieurs, parce qu'ils descendent de quelques notes au-dessous de la finale.

2. Quelles sont les deux notes qu'il faut connaître pour distinguer à vue le rang d'un ton du plain-chant ?

R. Ce sont sa finale et sa dominante.

3. D. Qu'appelle-t-on finale ?

R. C'est la note par laquelle finit toujours un chant, excepté dans les psaumes et les cantiques.

D. Qu'est-ce que la dominante ?

R. La note qui revient le plus souvent dans un chant, et surtout dans les psaumes et les cantiques.

4. D. Qu'est-ce que des tons compairs ?

R. Les tons 1 et 2, ou 3 et 4, ou 5 et 6, ou 7 et 8.

D. Les tons compairs ont-ils la même finale et la même dominante ?

R. Ils ont la même finale, mais des dominantes différentes.

DE LA PSALMODIE.

6. D. Comment nomme-t-on le chant ou plutôt la récitation chantée des psaumes et des cantiques.

R. La psalmodie.

D. Qu'appelle-t-on psalmodie ?

R. La récitation chantée des psaumes et des cantiques.

D. Comment sont distribués les psaumes et les

cantiques ?

R. En versets.

7. D. Que faut-il faire pour distinguer le ton des psaumes ou des cantiques?

R. Il faut considérer la finale de l'antienne qui précède le psaume et la dominante du psaume même.

8. D. Qu'appelle-t-on pièces irrégulières ?

R. Ce sont celles dont il est difficile de déterminer le ton.

DES

EXAMENS D'INSPECTION.

L'expérience a fait connaître l'avantage des questions d'examen par sommaires des Tableaux et par ordre des matières, pour la série de vingt-deux premiers Tableaux du premier cours conprenant les huit classes élémentaires de la première étude du chant. Voici une brève indication de ce mode d'examen, pour lequel la question laconique qu'on adresse à l'élève, doit se faire sur le ton d'une vive interpellation.

D. combien de tableaux dans la premièro classe ?

R. Sept.

D. Tableau 1 ?

R. L'escalier vocal : ce que c'est que solfier, vocaliser et chanter ; signes manuels du ton et du demi ton. (On demande en outre combien de tons et de demi-tons dans la gamme, etc.).

D. Tableau 2?

R. Figure des notes et des silences.

D. Tableau 3-A ?

R. La grande portée de onze lignes, la portée ordinaire de cinq lignes ; les trois clefs, etc. (Et l'on demande sur ce tableau des détails, comme on devra en demander pour les tableaux subséquents).

D. Tableau 3-B ?

R. Les mains musicales ?

D. Tableau 4 ?

R. Pour apprendre à battre la mesure.

D. Tableau 5 ?

R. Lecture rhythmique des figures de notes ronde, blanche et noire.

D. Tableau 6?

R. Lecture rhythmique des figures de notes ronde, blanche et noire, mêlées de silences équivalents.

D. Tableau 7-A ?

R. L'échelle diatonique ; la gamme en chiffres.

D. Tableau 7-B ?

R. Classification de la méthode ; première solmisation à vue des notes.

D. Quel intervalle étudie-t-on dans la deuxième classe ?

R. L'intervalle de secondes.

D. Quel intervalle dans la troisième ?

R. La tierce.

D. Dans quelle classe étudie-t-on l'intervalle de quinte ?

R. Dans la cinquième classe, etc.

N. B. On examine ainsi séparément sur les sept tableaux de la première classe, parce qu'ils ont chacun un aspect et un objet très-déterminés. Pour les tableaux des classes II à VIII, on procède par collection de deux tableaux par classe, ainsi qu'il suit :

D. Combien de tableaux dans chacune des classes, depuis la deuxième ?

R. Deux tableaux par classe : tableau pair, comme 8, et tableau impair, comme 9.

D. A quoi reconnaissez-vous tous les premiers tableaux de classe, ou les tableaux pair, 8, 10, 12, etc ?

R. A la progression de l'intervalle, en ronde; à l'indication du chant sur la main, en petites notes; aux exercices progressionnels écrits en blanches et noires mêlées.

D. A quoi reconnaissez-vous les seconds tableaux de chaque classe, ou les tableaux impairs, 9, 11, 13, etc ?

R. Il y a en haut du tableau trois lignes de notes, pour l'étude progressionnelle de l'intervalle; puis un chant composé dans les limites de cet intervalle; et, en bas, des études rhythmiques avec croches.

Ces examens par sommaires des tableaux contribuent beaucoup à mettre de l'ordre et de la clarté dans l'esprit des élèves, par rapport à leurs études de lecture musicale.

www.ingramcontent.com/pod-product-compliance
Ingram Content Group UK Ltd.
Pitfield, Milton Keynes, MK11 3LW, UK
UKHW020948180726
13838UKWH00003B/1188

9 782329 438719